글 **이사벨 토머스**
인물, 과학, 자연 분야의 어린이 책 작가이자 편집자예요. 지금까지 140종이 넘는 어린이 책을 출간했으며 영국 왕립학회 아동 청소년 도서상, 블루 피터 북 어워즈, ASE 올해의 책 등에 최종 후보로 올랐어요.

그림 **안케 웨크만**
독일에서 태어났으며 런던에 살고 있는 일러스트레이터예요. 캠버웰 아트 칼리지와 킹스턴 대학교에서 공부했으며 〈타임스〉, 〈가디언〉, 〈타임 아웃 뉴욕〉 등에 그림을 그리고 있어요.

옮김 **서남희**
서강대에서 역사와 영문학을, 대학원에서 서양사를 공부했어요. 지은 책으로 《그림책과 작가 이야기》 시리즈가 있고, 《모자를 보았어》, 《세계사 박물관》, 《구텐베르크 책 이야기》, 《어린이로 사는 건 너무 힘들어!》 등 많은 책을 우리말로 옮겼어요.

감수 **이공주복** (이화여대 물리학과 교수)
이화여대 물리학과를 졸업하고 미국 템플대학교에서 응집물질물리학 이론으로 박사 학위를 받았어요. 중소기업기술정보진흥원 이사와 (주)동아사이언스 사외이사로도 활동 중이에요. 지은 책으로 《세상 뭐든, 물리 1, 2》, 《만득이의 물리귀신 따라잡기 1, 2, 3》, 《정확히 풀리는 양자계》(공저) 등이 있어요.

Dear People
디어 피플

마리 퀴리

Dear People 디어 피플 시리즈는 역사에 이름을 남긴 위대한 사람들의 삶을 새롭게 살펴보고 그들의 생각을 가까이 엿볼 수 있는 인물 시리즈입니다.

MARIE CURIE
마리 퀴리

초판 1쇄 발행 2018년 11월 23일 | 초판 2쇄 발행 2020년 6월 23일
글 이사벨 토머스 | 그림 안케 웨크만 | 옮김 서남희 | 감수 이공주복
발행인 이재진 | 도서개발실장 조현경 | 편집장 안경숙
편집 김선현 | 디자인 권석연 | 마케팅 이현은, 정지운, 양윤석, 김미정 | 제작 신홍섭 | 국제업무 남단미
펴낸곳 (주)웅진씽크빅 | 주소 경기도 파주시 회동길 20 (우)10881
주문전화 02)3670-1191, 031)956-7325, 7065 | 팩스 031)949-0817 | 내용문의 031)956-7403
홈페이지 wjbooks.co.kr/WJBooks/Junior | 블로그 wj_junior.blog.me
페이스북 facebook.com/wjbook | 트위터 @wjbooks | 인스타그램 @woongjin_junior
출판신고 1980년 3월 29일 제406-2007-00046호
제조국 대한민국
원제 LITTLE GUIDES TO GREAT LIVES: MARIE CURIE
한국어판 출판권 ©웅진씽크빅, 2018
ISBN 978-89-01-22844-0 978-89-01-22842-6(세트) 74990

LITTLE GUIDES TO GREAT LIVES: MARIE CURIE
written by Isabel Thomas, illustrations by Anke Weckmann
Illustrations © 2018 Anke Weckmann
The original edition of this book was designed, produced
and published in 2018 by Laurence King Publishing Ltd.,
London under the title *Little Guides to Great Lives: Marie Curie*.
All rights reserved.
This Korean edition was published by Woongjin Think Big Co., Ltd.
in 2018 by arrangement with Laurence King Publishing Ltd.,
London through KCC(Korea Copyright Center Inc.), Seoul.

웅진주니어는 (주)웅진씽크빅의 유아·아동·청소년 도서 브랜드입니다.
이 책은 (사)한국저작권센터(KCC)를 통한 저작권자와의 독점계약으로 (주)웅진씽크빅에서 출간되었습니다.
저작권법에 의해 한국 내에서 보호를 받는 저작물이므로 무단전재와 복제를 금합니다.
이 책 내용의 전부 또는 일부를 이용하려면 반드시 저작권자와 (주)웅진씽크빅의 서면 동의를 받아야 합니다.
잘못 만들어진 책은 바꾸어 드립니다.
⚠ 1. 책 모서리가 날카로워 다칠 수 있으니 사람을 향해 던지거나 떨어뜨리지 마십시오.
     2. 보관 시 직사광선이나 습기 찬 곳은 피해 주십시오.

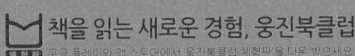
구글 플레이와 앱스토어에서 웅진북클럽 체험판을 다운 받으세요.

Dear People
디어 피플

MARIE CURIE
마리 퀴리

글 이사벨 토머스 ★ 그림 안케 웨크만
옮김 서남희 ★ 감수 이공주복

웅진주니어

마리 퀴리는 어떻게 세계적으로 유명한 과학자가 되었을까요?
과학에 대한 마리의 생각을 살펴보면
실마리를 찾을 수 있을 거예요.

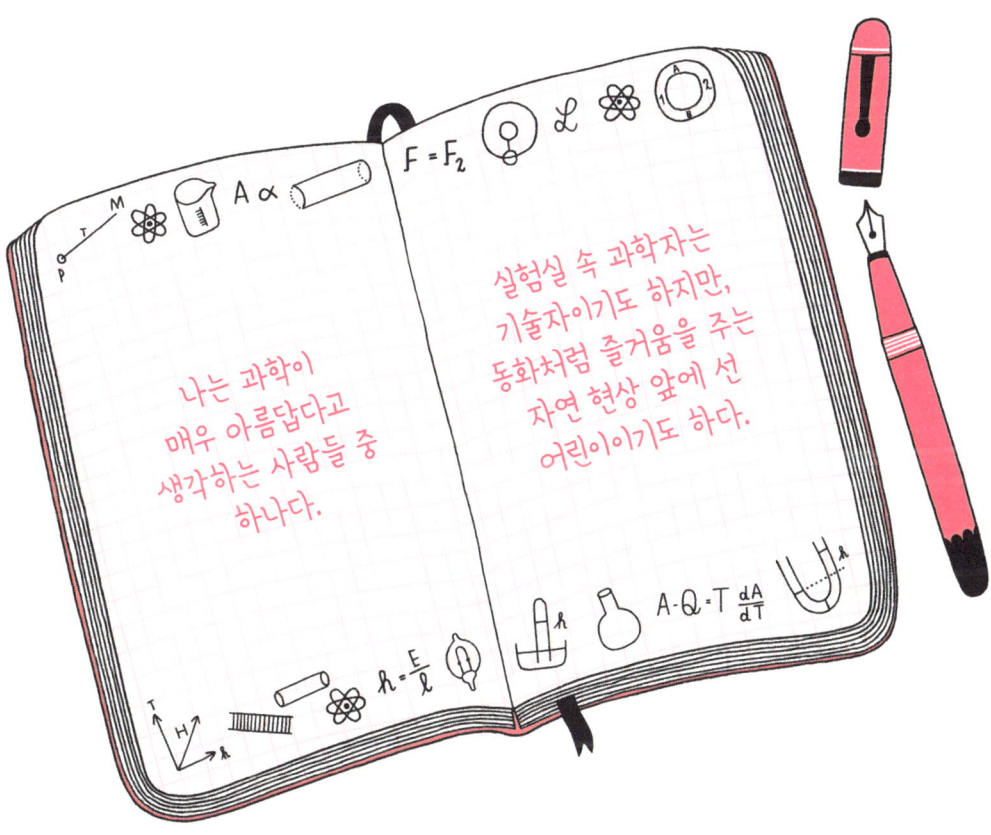

마리가 살아온 이야기는 마치 동화 같아요. 기쁠 때도 슬플 때도 있고, 패배와 승리의 순간도 있지요. 이 동화 속에 나오는 라듐*이라는 금속은 영웅인 동시에 악당이기도 하답니다.

마리는 폴란드의 바르샤바에서 태어났어요. 다섯 명의 형제자매 가운데 막내였지요.

아이들은 모두 공부를 좋아했고, 그중에서 마리는 가장 뛰어났어요.
어느 날, 브로니아가 문장을 읽을 줄 몰라 짜증을 내고 있었어요.
마리는 브로니아의 어깨너머로 슬쩍 보더니, 모든 문장을 소리 내어
읽었어요. 마리의 부모님은 깜짝 놀랐어요. 아무도 마리에게 읽기를
가르친 적이 없었거든요!

마리가 아홉 살 때, 언니 조시아가 발진 티푸스에 걸려 세상을 떠났어요.
2년도 채 안 되어, 어머니가 폐결핵으로 돌아가셨어요. 마리는 오랫동안
슬픔에 젖어 있었고, 마리의 아버지는 점점 가난해졌어요.

어느덧 중학교에 갈 나이가 되었지만, 마리는 마음의 갈피를 잡지
못했어요. 공부하는 건 정말 좋았지만, 러시아 정부가 운영하던
학교는 규정이 아주 엄격했거든요.

마리의 성격은 제멋대로 곱슬거리는
마리의 머리카락과 잘 어울렸어요.

다행히 마리는 단짝 친구를 만나
학교에 잘 적응할 수 있었어요.

마리는 친구 카지아가 사는 넓은 집에
놀러 가서 레모네이드와 초콜릿 아이스크림을
먹는 것을 좋아했답니다.

마리는 친구들보다 1년을 앞서서 모든 시험을 통과한 뒤, 시골에 가서 책과 공부를 멀리하며 1년 동안 신나게 놀았어요.

열여섯 살에 바르샤바로 돌아온 마리는 예전보다 행복했지만, 동시에 큰 걱정거리가 있었어요.

오빠 조셉은 의사가 되기 위한 과정을 밟기 시작했지만, 러시아의 지배를 받는 폴란드에서 여자아이들은 대학 교육을 받을 수 없었답니다. 마리는 세 가지 가운데 하나를 선택해야 했어요……

그러던 중 마리는 아주 특별한 초대장을 받았어요…….

비밀 장소

여자아이들도 남자아이들과 똑같은 기회를 누려야 하기 때문에, 나는 비밀 대학을 만들고 있습니다. 우리는 매주 두 시간씩 최고의 과학자, 사상가, 역사가 들에게 수업을 받을 것입니다. 너무 가난해서 수업료를 내기 힘든 여자아이들도 언제나 환영합니다.

러시아 경찰이 이 계획을 알아서는 안 되니, 이 편지를 없애 버리세요.

1889년 무렵 1,000여 명의 여자아이들이 바르샤바의 비공식적인 '이동 대학'에 등록했어요. 마리와 언니 브로니아는 배우는 것이 좋아 외국에 나가서 공부를 계속하고 싶었지만, 그러려면 돈이 너무 많이 들었어요.

그래서 마리는 계획을 세웠어요. 우선 가정 교사 일자리를 구하고, 돈을 모아 브로니아를 파리로 보내는 거예요. 그다음 브로니아가 의사가 되면, 마리가 파리로 간다는 계획이었지요.

열여덟 살이 된 마리는 크고 아름다운 집에 가정 교사로 들어갔어요. 계획은 착착 진행되었어요. 마리는 금방 돈을 모아 브로니아를 파리로 보냈답니다. 하지만 마리는 지루함과 좌절감을 느꼈어요…….

"나는 언제쯤 대학에 갈 수 있을까?"

마침내 마리가 기다리던 편지가 왔어요. 파리로 와서 브로니아와 브로니아의 남편과 함께 살자는 편지였어요.

마리는 자기 물건을 모두 챙겨서 1891년에 프랑스로 떠났어요. 심지어 매트리스까지 챙겼답니다! 마리는 가장 좋아하는 물리학과 수학을 공부하기 위해 세계적으로 유명한 소르본 대학에 입학했어요.

마리는 공부에 푹 빠진 나머지 가끔은 식사하는 것도 잊어버릴 정도였어요.
(사실 음식을 살 여유도 없었지요.)

1894년에 마리는 소르본 대학에서 일하는 똑똑한 과학자,
피에르 퀴리를 만났어요. 그리고 1년 뒤, 둘은 결혼했어요.

자전거를 타고 신혼여행을 떠날 때만 해도, 마리와 피에르는
자신들이 세상을 바꿀 것이라고는 전혀 예상하지 못했답니다.

마리는 박사 학위*를 준비하기로 했어요. 과학자로서 첫 번째 연구에 도전한 거예요. 과학자들은 답을 찾기 전에 꼭 해야 할 게 있어요. 그건 바로…… **질문**이에요!

마리는 새롭고 흥미진진한 것을 찾기 위해 물리학과 화학* 분야에서 최근에 이루어진 모든 발견과 발명에 대해 읽고 정리하기 시작했어요.

1896년에 과학자들은 엑스선 때문에 매우 들떠 있었어요. 엑스선은 단단한 물체를 투과할 수 있고 놀라운 뼈 사진을 찍을 수 있는, 눈에 보이지 않는 신기한 광선이에요!

그래서 과학자 앙리 베크렐이 우라늄이라는 금속에서도 눈에 보이지 않는 광선이 나온다는 사실을 알아차렸을 때, 그 누구도 관심을 보이지 않았어요. 엑스선이 훨씬 더 강력했기 때문이지요. 하지만 마리는 호기심이 생겼어요…….

다른 물질들도 이런 광선을 내뿜을 수 있을까?

"그 질문은 완전히 새로웠고, 그 무엇보다 뛰어났다. 아무도 던진 적이 없는 질문이었기 때문이다."

마리는 광선이 나오는 다른 물질들을 찾아보기로 마음먹었어요.
마리는 모든 원소*들을 확인하기 시작했어요. 아래의 블록에는
지구에 있는 모든 원소가 적혀 있어요. 그리고 모든 원소는
주기율표*라는 간단한 표에 정리되어 있었지요.

실험은 실패하고 말았어요!
하지만 마리는 포기하지 않았어요.

마리는 광물들을 가지고 실험을 이어 갔어요. 자연사 박물관에서 볼 수 있는 돌덩어리들 말이에요. 다른 과학자들은 그런 실험을 하지 않았어요. 광물들은 마리가 이미 실험했던 원소들의 혼합물이었으니까요.

마리는 피치블렌드*도 실험해 보았어요. 피치블렌드는 우라늄이 조금 들어 있는 무거운 검은색 돌이에요.

그런데 매우 놀라운 일이 벌어졌어요…….

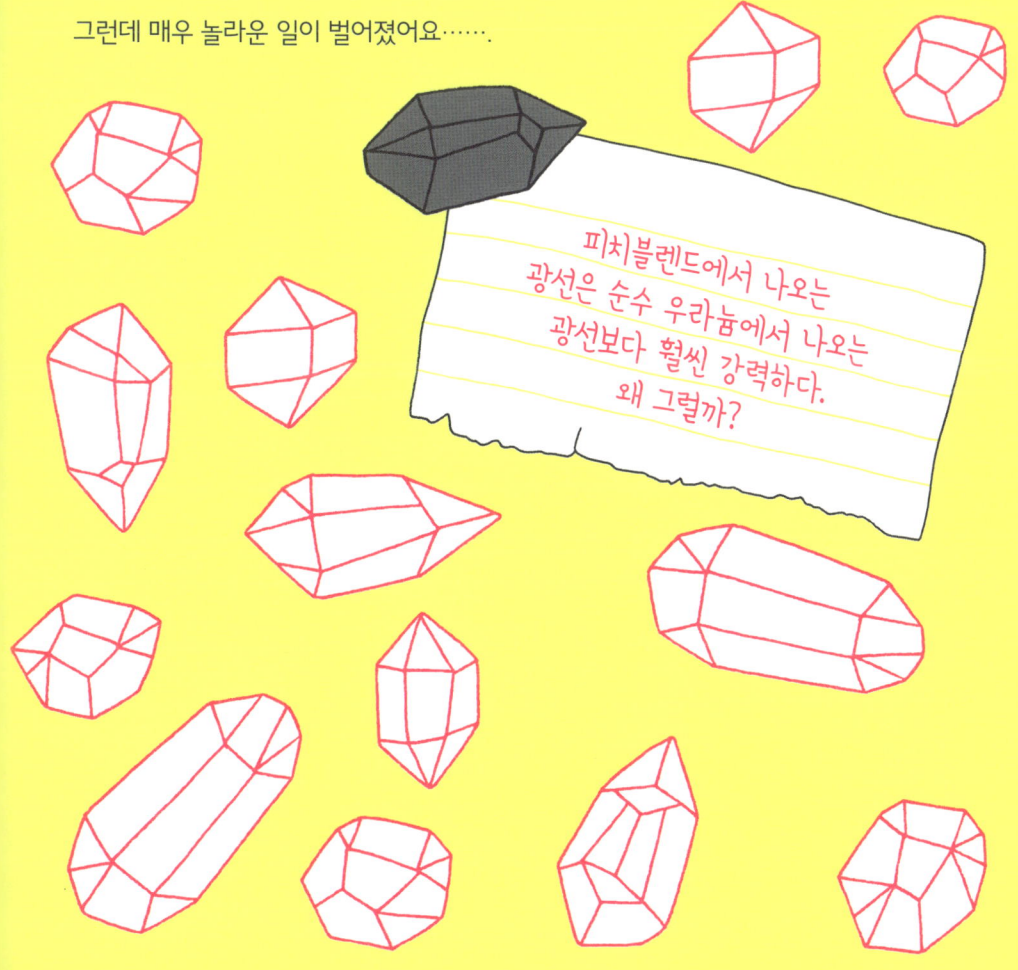

피치블렌드에서 나오는 광선은 순수 우라늄에서 나오는 광선보다 훨씬 강력하다. 왜 그럴까?

어리둥절해하던 마리는 그 이유를 알아내기 위해 피에르와 함께 실험을 반복했어요. 그러다가 눈에 보이지 않는 광선이 나오는 제2의 광물을 발견했어요. 그런데 그 안에는 우라늄이 없었어요.

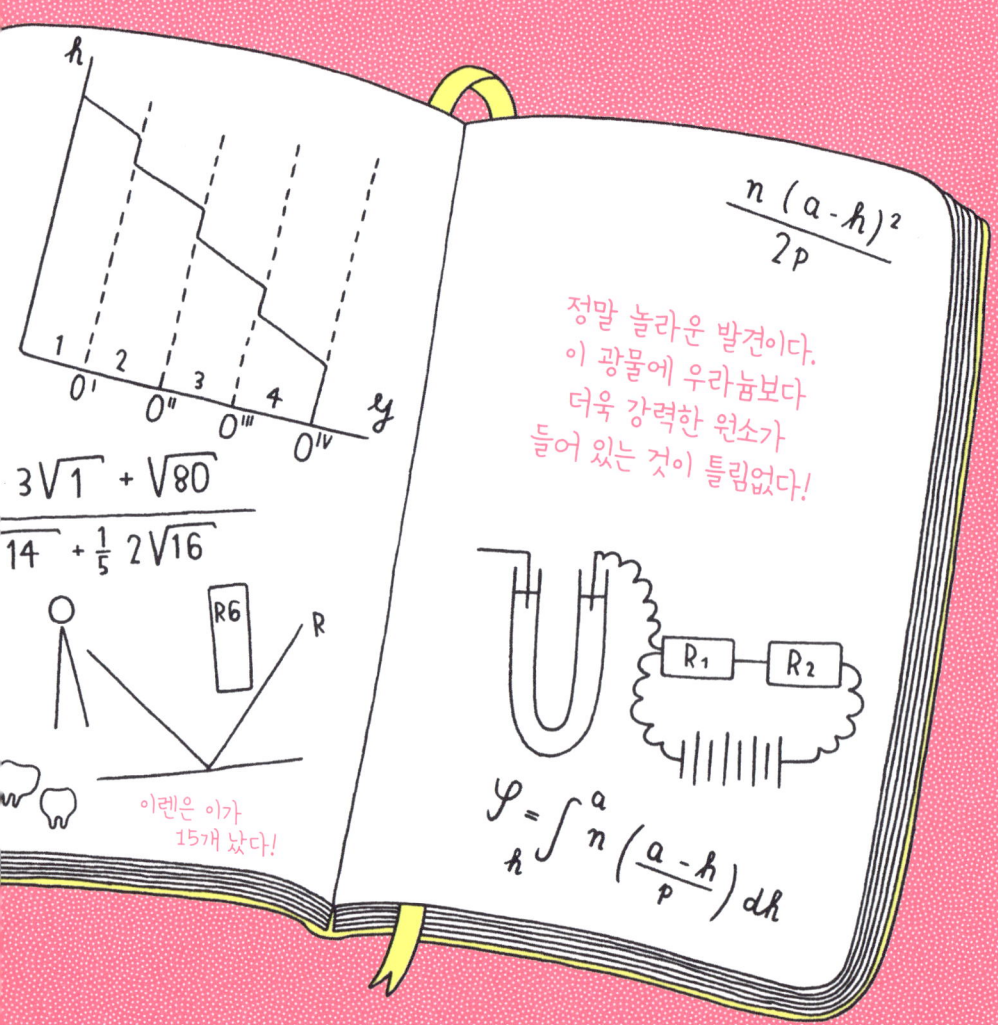

과학자들은 뜻밖의 발견과 새로운 질문들을 사랑하지요.
마리는 정말 기뻤어요.

그러나 다른 과학자들은 그 발견을 믿지 않았어요.

신나는 일 #1
피치블렌드에는 틀림없이 완전히 새로운 원소가 숨어 있을 것이다! 그 원소에서 나오는 매우 강력한 광선은 두꺼운 납판을 제외하고 무엇이든 통과할 수 있다.

신나는 일 #2
그 광선은 원자*의 깊숙한 내부에서 우리가 잘 모르는 무언가로 인해 생기는 게 틀림없다!

나는 꽤 맛있는 잼을 14통 만들었다.

이렌이 "가자, 가자, 가자!" 라고 말했다.

또한 마리는 복잡한 과학 방정식 바로 옆에 일기를 쓰듯 딸 이렌에 대한 짧은 메모를 남기기도 했어요.

그 발견을 확실하게 증명할 수 있는 방법은 하나뿐이었어요.
피치블렌드에서 신비로운 원소를 추출하는 것이었지요.
만약 그 원소를 찾아낸다면, 그 누구도 그런 원소는 없다고
주장하지 못할 테니까요!

피에르는 자신의 연구를 포기하고 마리의 연구에 뛰어들었어요.
하지만 연구는 쉽지 않았어요.

우리가 연구를 하지 말아야 하는 이유

돈이 없다.
(피에르는 소르본 대학에서
교수 자리를 얻기 힘들고,
여전히 보수가 낮은
교사 일을 한다.)

실험실이 없다.
(추운 방 안에 나무 탁자
몇 개뿐!)

아기(이렌)를
돌봐야 한다.

교사 일을 하기 때문에
연구는 밤에 해야 한다.

누구도 도와주지 않는다.

✳ 우리가 연구를 해야 하는 이유 ✳

너무나도 재미있어서
안 할 수가 없다!

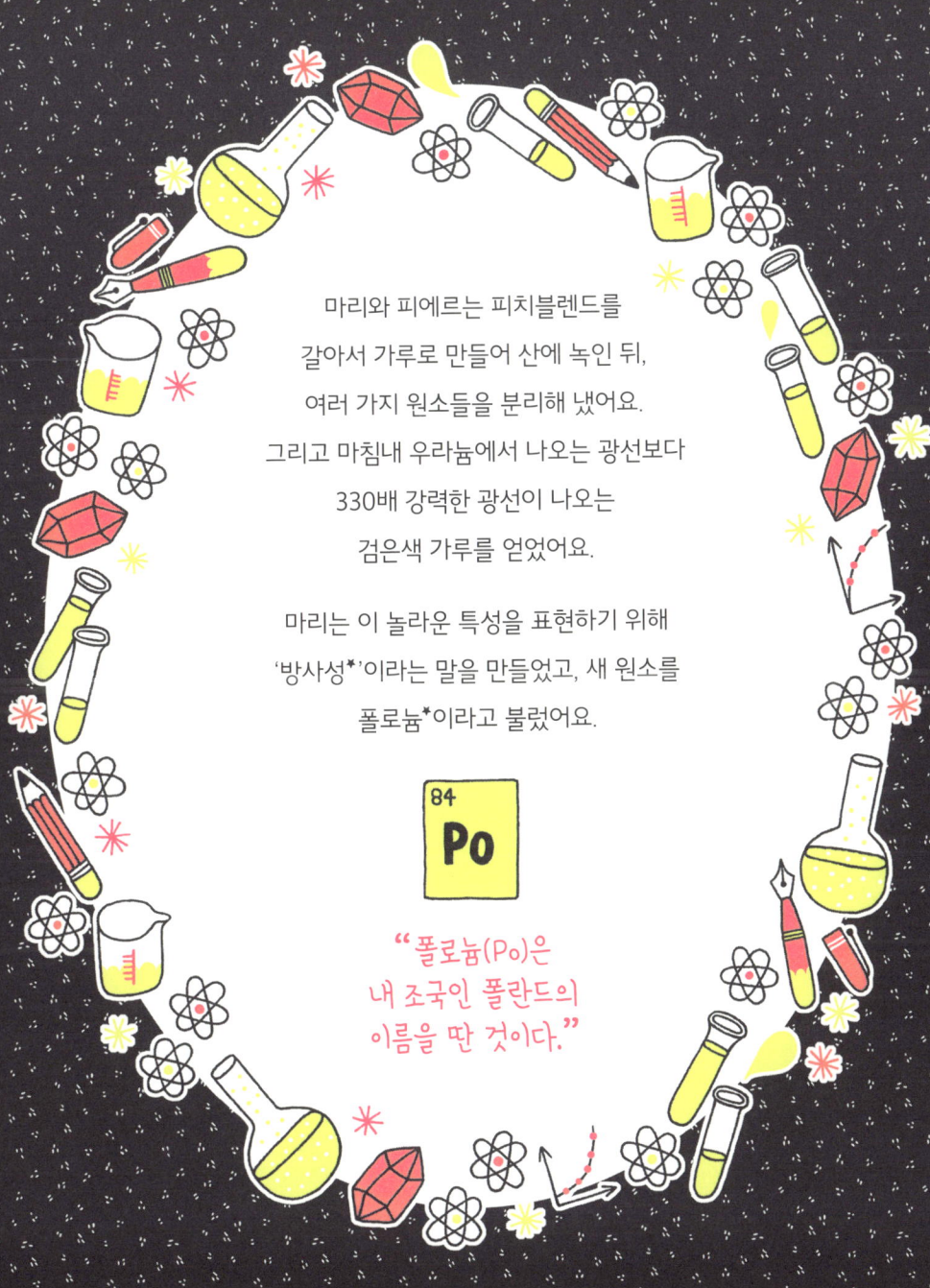

마리와 피에르는 피치블렌드를
갈아서 가루로 만들어 산에 녹인 뒤,
여러 가지 원소들을 분리해 냈어요.
그리고 마침내 우라늄에서 나오는 광선보다
330배 강력한 광선이 나오는
검은색 가루를 얻었어요.

마리는 이 놀라운 특성을 표현하기 위해
'방사성*'이라는 말을 만들었고, 새 원소를
폴로늄*이라고 불렀어요.

84
Po

" 폴로늄(Po)은
내 조국인 폴란드의
이름을 딴 것이다."

마리와 피에르는 피치블렌드에서 폴로늄과 우라늄을 추출하고 남은 액체가 여전히 방사성이 매우 강하다는 사실을 발견했어요.

이것은 피치블렌드에 아주 적은 양의 새로운 두 번째 원소가 포함되어 있다는 단서였어요. 폴로늄과 우라늄보다 훨씬 방사성이 강한 원소 말이에요!

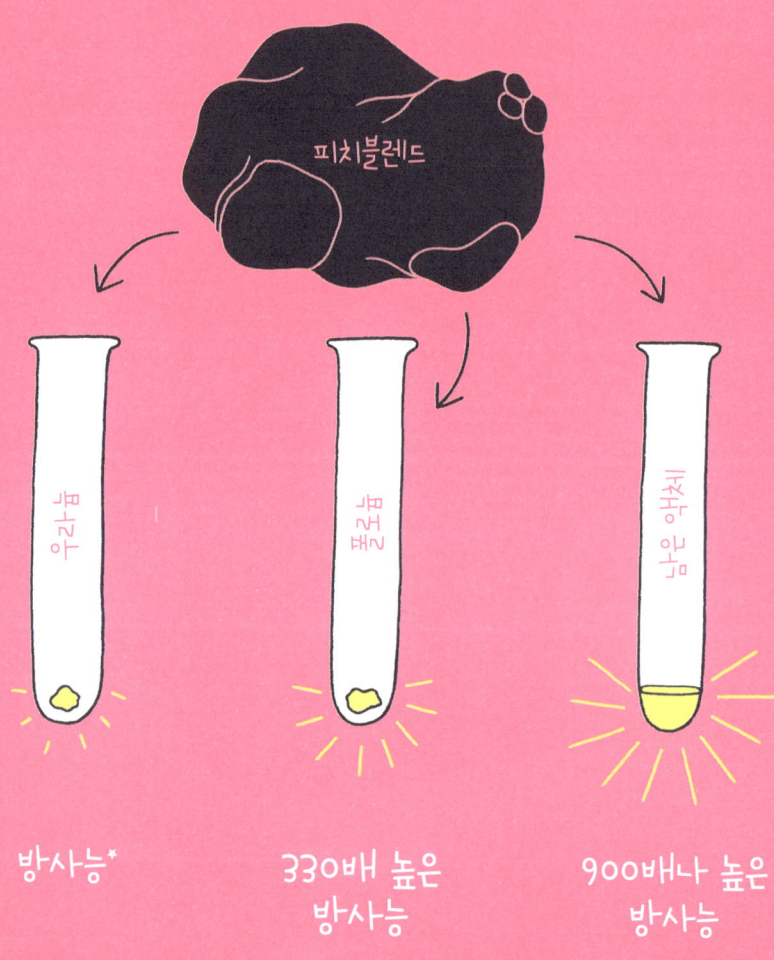

이들은 1898년에 그 발견에 대해 발표하고,
새 원소를 '라듐'이라고 불렀어요.

피에르가 그 광선의 특성을 연구하는 동안, 마리는 라듐을 추출해
보기로 했어요. 그러려면 더욱더 많은 피치블렌드가 필요했지요.

피치블렌드는 비쌌고, 마리와 피에르는 가난했어요. 그래서 마리는 피치블렌드에서 우라늄을 추출하는 공장으로부터 폐기물을 샀어요.

공장은 미처 몰랐겠지만, 폐기물에는 우라늄보다 훨씬 더 귀중한 것이 들어 있었어요.

마리는 피치블렌드에 숨어 있는 라듐의 작은 입자들을 추출하는 작업을 시작했어요. 그 작업은 소금물을 끓여서 물을 증발시킨 뒤 소금을 남기는 과정과 조금 비슷했지만, 훨씬 더 힘들었어요!

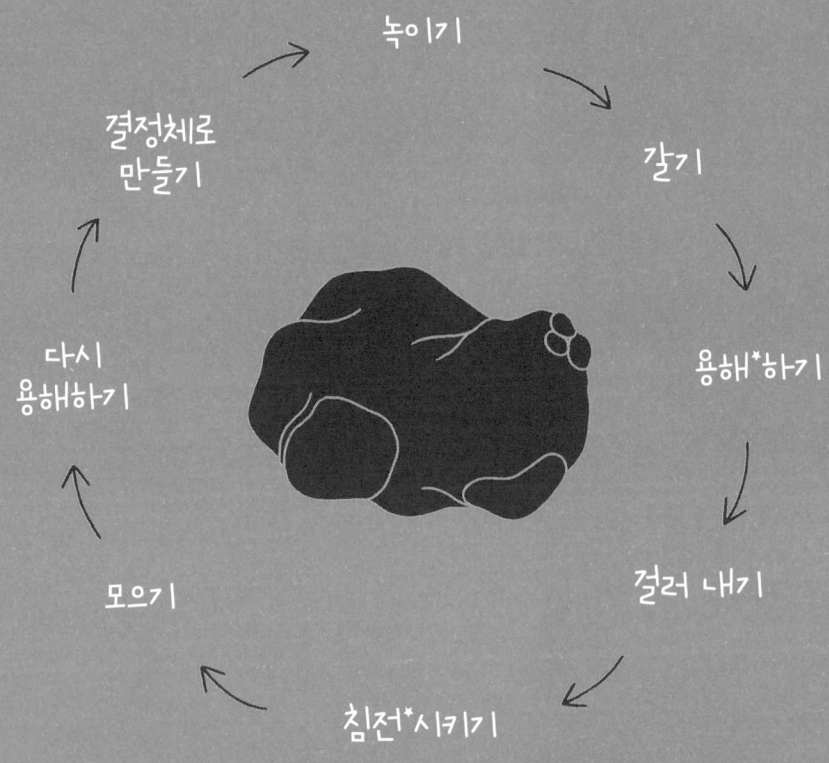

용기를 운반하고, 액체를 붓고, 무쇠로 만든 양동이 안에서 끓는 물질을 한 번에 몇 시간 동안 젓는 일은 매우 힘들었어요. 게다가 이 과정을 계속 반복해야 했지요!

둘은 다 쓰러져 가는 헛간에서 작업을 했어요. 바닥은 끈끈한 타르투성이에, 유리로 된 지붕은 깨져서 열기는 빠져나가고 비가 들이치는 곳이었지요.

마리와 피에르는 속이 울렁거리고 기운이 빠지기 시작했어요. 둘은 방사선*의 위험성에 대해 전혀 알지 못했어요.

목표에 점점 다가간 마리는 방사성이 강해서
빛을 내는 액체를 추출했어요.

"우리의 즐거움 가운데 하나는 밤에 작업실에 들어가는 것이었다.
작업실에서 우리는 우리를 둘러싼 것들을 볼 수 있었다.

"바로 어둠 속에서 빛나는 비커와 캡슐 들의 실루엣이었다. 그 속에 우리가 만들어 낸 물질들이 들어 있었다."

3년이나 걸리긴 했지만, 마리는 마침내 1902년에
피치블렌드 10톤에서 라듐 1밀리그램을 추출해 냈어요!

마리는 1903년 6월에 물리학 박사 학위를 받았어요. 유럽에서 최초로 물리학 박사 학위를 받은 여성이 된 거예요!

같은 해에 마리와 피에르와 앙리 베크렐은 방사능에 대한 연구로 세계 최고의 상, 노벨상*을 함께 받았어요.

이들은 과학계의 슈퍼스타가 되었어요.

많은 사람들이 라듐을 추출하는 방법을 배워 라듐의 흥미로운 특성을 이용하고 싶어 했어요. 그 방법의 사용권을 과학자나 기업에 팔면, 마리와 피에르는 부자가 될 수 있었어요.

하지만 마리와 피에르는 그들의 지식을 무료로 공유했어요. 그 덕분에 의사들은 바로 라듐을 활용할 수 있었답니다.

축하 전보들이 책상에 쌓였어요. 수천 개의 신문 기사가 쏟아져 나왔지요. 모두가 이들의 사진을 보고 싶어 했어요. 그러나 마리와 피에르는 부자가 되거나 유명해지고 싶지 않았어요. 그들은 그저 과학자로서 시간과 공간이 필요했어요.

이들에게는 풀어야 할 새로운 수수께끼가 또 있었어요.

방사선은 에너지의 한 유형이에요.

1904년, 피에르의 실험실에서 수석 조수로 일하던 마리는 과학 연구를 시작하고 나서 처음으로 보수를 받기 시작했어요. 이들은 또한 둘째 딸 '이브'를 낳았어요.

마리와 피에르는 거의 2년 동안 그들이 사랑하는 과학 연구를 함께했어요. 피에르는 마침내 소르본 대학의 교수가 되었지요.

마리의 가족은 주말이 되면 시골을 탐험하고 숲속을 돌아다녔으며,
나비를 쫓고 꽃을 모으면서 즐겁게 자전거 여행을 했어요.

마리의 가족은 끔찍한 일이 일어날 거라고는 전혀 생각하지 못했어요.

1906년
어느 비 오는 아침,
실험실을 향해 걷던
피에르는 그만 마차에
치이고 말았어요.

피에르는 그 자리에서
목숨을 잃었어요.

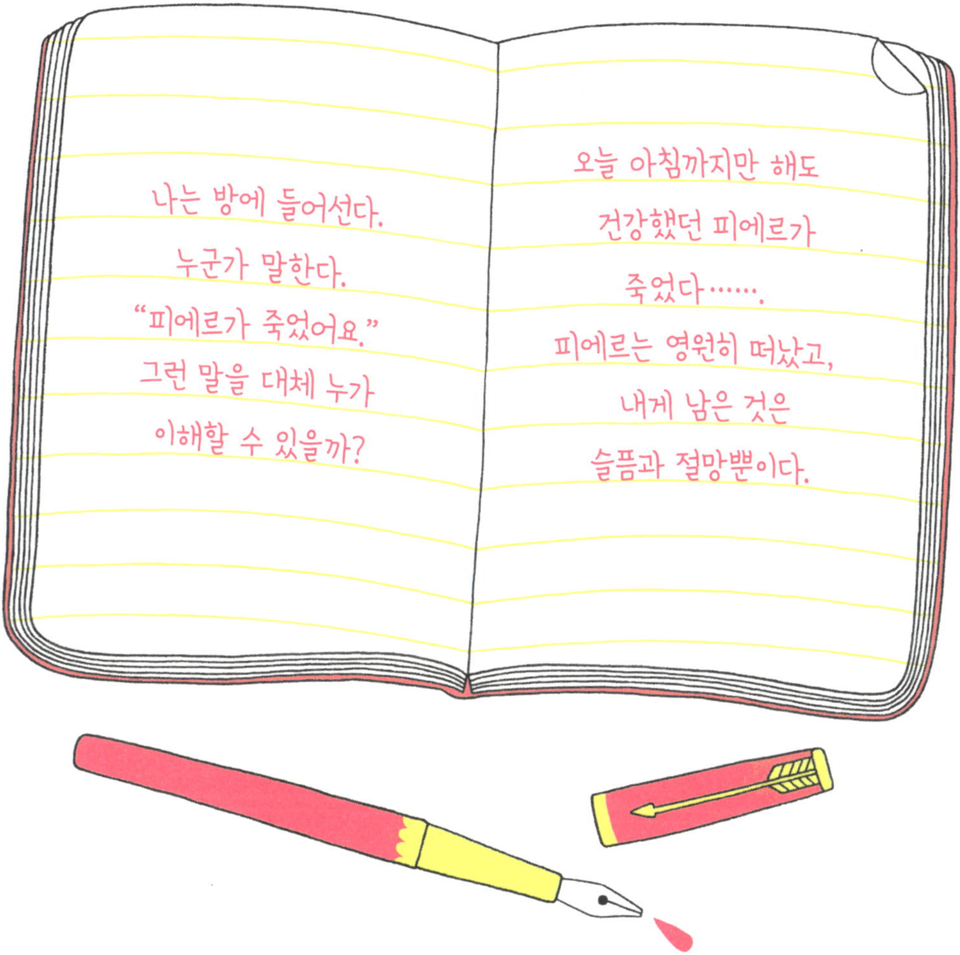

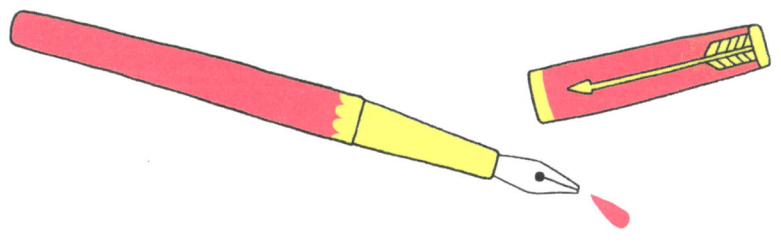

나는 방에 들어선다.
누군가 말한다.
"피에르가 죽었어요."
그런 말을 대체 누가
이해할 수 있을까?

오늘 아침까지만 해도
건강했던 피에르가
죽었다…….
피에르는 영원히 떠났고,
내게 남은 것은
슬픔과 절망뿐이다.

처음으로 마리는 연구를 다시 하고 싶지 않았어요. 그러나 연구를 그만두고 연금을 받을 수 있는 기회가 왔을 때, 마리는 그 기회를 거절했어요. 그리고 피에르와 함께 시작했던 연구를 마무리하기로 결심했어요.

마리는 피에르 대신 강의를 맡아 진행했고, 1908년에
소르본 대학 역사상 최초의 여성 교수가 되었어요.

마리는 강의를 하는 동시에 바쁜 실험실을 계속해서 운영했고, 다른 과학자들의 연구를 감독하기도 했어요.

또한 중요한 논문과 책 들을 집필했고, 1910년에는 가장 유명한 논문을 발표했어요.

1911년, 마리는 두 번째 노벨상을 받으며 또 다른 '최초'를
이루어 냈어요. 이번에는 화학 분야였지요! 그때까지 전 세계의
그 누구도 두 번이나 노벨상을 받은 적이 없었답니다.

또다시 마리의 이름이 모든 신문을 뒤덮었고,
사진 기자들은 거리에서 마리를 쫓아다녔어요.

기자들이 항상 우호적인 기사를 썼던 건 아니에요. 마리는 과학자 폴 랑주뱅과 가깝게 지냈는데, 그는 이미 결혼한 사람이었어요. 스캔들 기사가 나자 노벨상 위원회는 마리에게 상을 받으러 직접 오지 않는 것이 좋겠다고 조언했어요.

하지만 마리는 남들이 어떻게 생각하든 상관하지 않고, 상을 받으러 갔어요.

1914년 무렵, 마리는 그간 꿈꿨던 새로운 실험실로 옮기기만을 손꼽아 기다리고 있었어요. 그곳은 바로 소르본 대학의 라듐 연구소였어요.

하지만 계획은 미뤄졌어요. 세계 역사상 가장 큰 전쟁이 벌어지고 있었거든요.

마리는 어떤 방법으로든 프랑스를 돕겠다고 했어요.
엑스선에 대해 많이 알고 있던 마리는 되도록 많은 프랑스 병원에서
엑스선 장비를 쓰게 해야겠다고 마음먹었어요.

엑스선은 사진 필름에서 '그림자'를 남긴다.

엑스선은 피부와 근육을 투과하지만, 금속은 투과하지 못한다.

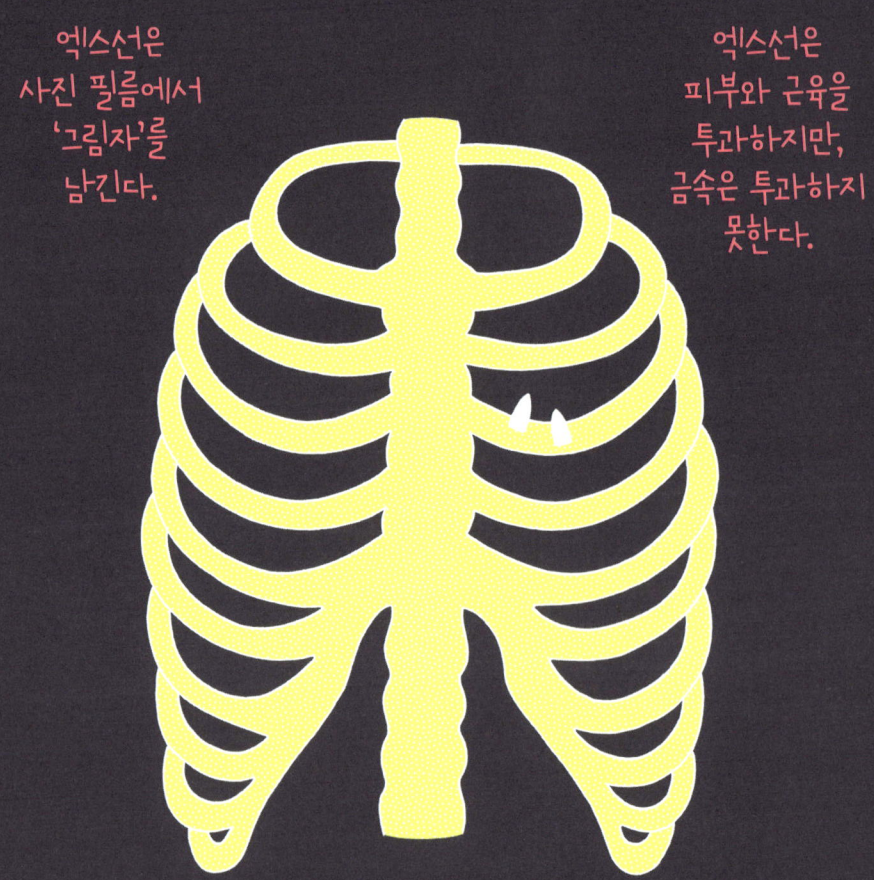

의사들이 사람 몸에 박힌 총알과 파편 들을 찾아내고,
더 해를 입히지 않도록 제거하는 데 엑스선이 큰 도움이 되었어요.

그러나 부상병들이 병원에 도착할 때쯤이면 이미 생명을 구하기에는 늦은 경우가 많아 마리는 안타까웠어요. 만약 부상병을 더 빨리 진찰할 수 있다면, 더 많은 생명을 살릴 수 있을 거예요.

마리는 놀라운 계획을 떠올렸어요. 엔진의 힘으로 촬영하는 엑스선 장비를 갖춘 차를 생각해 낸 거예요. 엑스선 장비가 필요한 병원이 있으면 어디든 차를 타고 가면 될 테니까요.

마리는 차 한 대로 만족하지 않고, 파리 전역을 돌아다니며 차량을 개조하는 데 필요한 돈과 물품과 차를 기부해 달라고 호소했어요. 사람들은 세계적으로 유명한 과학자를 기쁜 마음으로 도왔고, 마리는 '꼬마 퀴리'라고 불리는 이동식 엑스선 장비 트럭을 더 많이 만들 수 있었어요.

마리가 애쓴 덕분에 이런 결과가 나타났답니다.

마리는 운전기사 역할을 자처했고, 제1차 세계 대전이 벌어지는 전쟁터와 가까운 곳에서 사상자들의 엑스선 촬영을 진행했어요. 심지어 열일곱 살인 딸 이렌을 훈련시켜서 꼬마 퀴리 한 대를 맡기기도 했답니다.

마리의 노력 덕분에 모든 병원에서 엑스선과가 중요해졌어요. 전쟁이 벌어졌을 때뿐 아니라 평화가 찾아왔을 때도요.

전쟁이 끝난 뒤, 마리는 계속해서 과학자, 교사이자 라듐 연구소의 실험실 책임자로서 일했어요. 그리고 이렌을 비롯한 많은 여성 과학자들을 연구소에 고용했어요.

라듐 연구소는 방사능 물질에 대한 연구뿐만 아니라, 암을 비롯한 여러 질병들을 치료하는 데 방사능 물질이 어떻게 사용될 수 있는지까지 탐구하는, 세계적인 연구소가 되었어요.

마리는 그 어느 때보다 더 유명해졌고, 미국으로부터 초청도 받았어요. 주목을 받는 것도, 배를 타고 대서양을 건너는 긴 여행을 하는 것도 싫었지만, 마리는 모든 것을 받아들였어요. 연구에 필요한 돈을 모금하기 위해서였지요.

1921년, 미국에서는 마리에게 순수 라듐 1그램을 선물했어요.
그 당시 가치로 10만 달러, 오늘날 가치로는 2백만 달러나 된답니다!
라듐에서만 강력한 방사선을 얻을 수 있었기 때문에, 라듐은 실험실에서
이루어지는 연구에 반드시 필요한 물질이었어요.

당시에 알베르트 아인슈타인을 비롯한 전 세계의 뛰어난 물리학자들은
대부분 원자 내부의 강력한 힘에 대해 연구하고 있었어요.

라듐에서 나오는 방사선은 병든 세포를 없애는 데 효과적이었지만, 건강한 세포들에게도 해를 입힐 수 있었어요.

마리와 피에르가 1898년에 라듐을 발견한 이후, 사람들은 다양한 용도로 라듐을 활용했어요. 의료 분야뿐 아니라 야광 페인트, 야광 눈이 달린 곰 인형, 양초보다 더 안전해 보이는 크리스마스트리의 전구를 만들 때도 라듐을 사용했지요.

어둠 속에서,
라듐이 내는 빛은
글을 읽을 수 있을 정도로
밝았어요!

그러나 1930년대에 접어들어, 라듐 페인트를 사용하던 공장 노동자를 포함해 라듐을 가까이 하며 일했던 사람들이 시름시름 앓다 죽는 일이 일어났어요. 전 세계 사람들은 방사능 물질이 실제로 얼마나 위험한지 깨달았어요.

마리는 자신도 모르게 방사능 때문에 병이 들었어요. 수년간 이어진 방사능 물질 연구 때문에 새로운 적혈구를 만드는 뼛속 세포들이 손상을 입었던 거예요. 1934년 7월 4일, 마리는 66세의 나이로 세상을 떠났어요.

다행스럽게도 마리는 자신이 이루고자 했던 큰 꿈 가운데 하나가 실제로 이루어진 모습을 보았어요. 바로 폴란드 바르샤바에 암 연구와 치료를 위한 새로운 라듐 연구소가 생긴 거예요. 모금을 통해 세워진 라듐 연구소는 언니 브로니아가 이끌어 나갔어요.

또한 마리는 이렌이(남편 프레데리크 졸리오퀴리와 함께) 인공 방사능을 만드는 모습을 보았어요. 그 발견으로 이렌은 남편과 함께 노벨상을 받았어요.

알루미늄 같은 일반적인 금속을 방사능 물질로 바꾸게 되어, 우리는 자연에 존재하는 희귀하고 위험한 방사능 물질을 찾아다니지 않아도 방사능을 이용할 수 있게 되었답니다.

마리 퀴리의 투지와 헌신이 없었다면, 지금까지 살펴본 위대한 일 가운데 어떤 것도 이루어지지 않았을 거예요.

마리 퀴리는 위대한 과학자가 되기 위해 필요한 모든 자질을 갖추고 있었어요.

이런 특성들이 조화를 이루어 마리는 물리학, 화학, 의학의 흐름을 완전히 바꾼 발견을 할 수 있었지요.

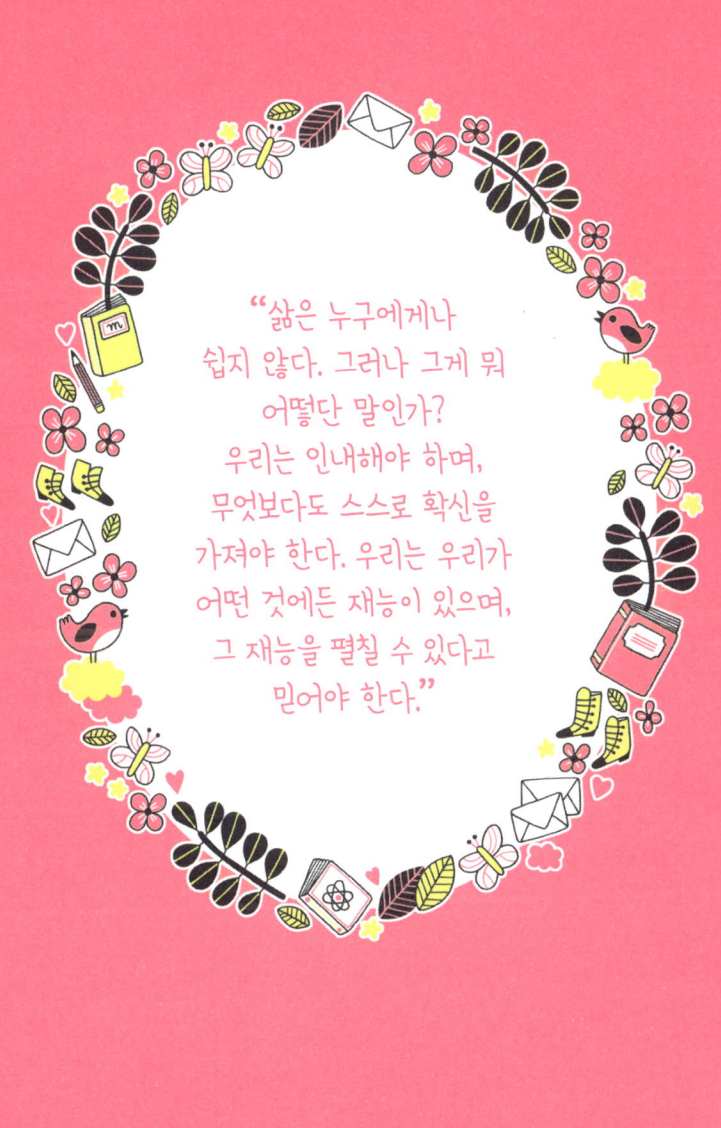

"삶은 누구에게나 쉽지 않다. 그러나 그게 뭐 어떻단 말인가? 우리는 인내해야 하며, 무엇보다도 스스로 확신을 가져야 한다. 우리는 우리가 어떤 것에든 재능이 있으며, 그 재능을 펼칠 수 있다고 믿어야 한다."

마리의 놀라운 발견이 끼친 영향

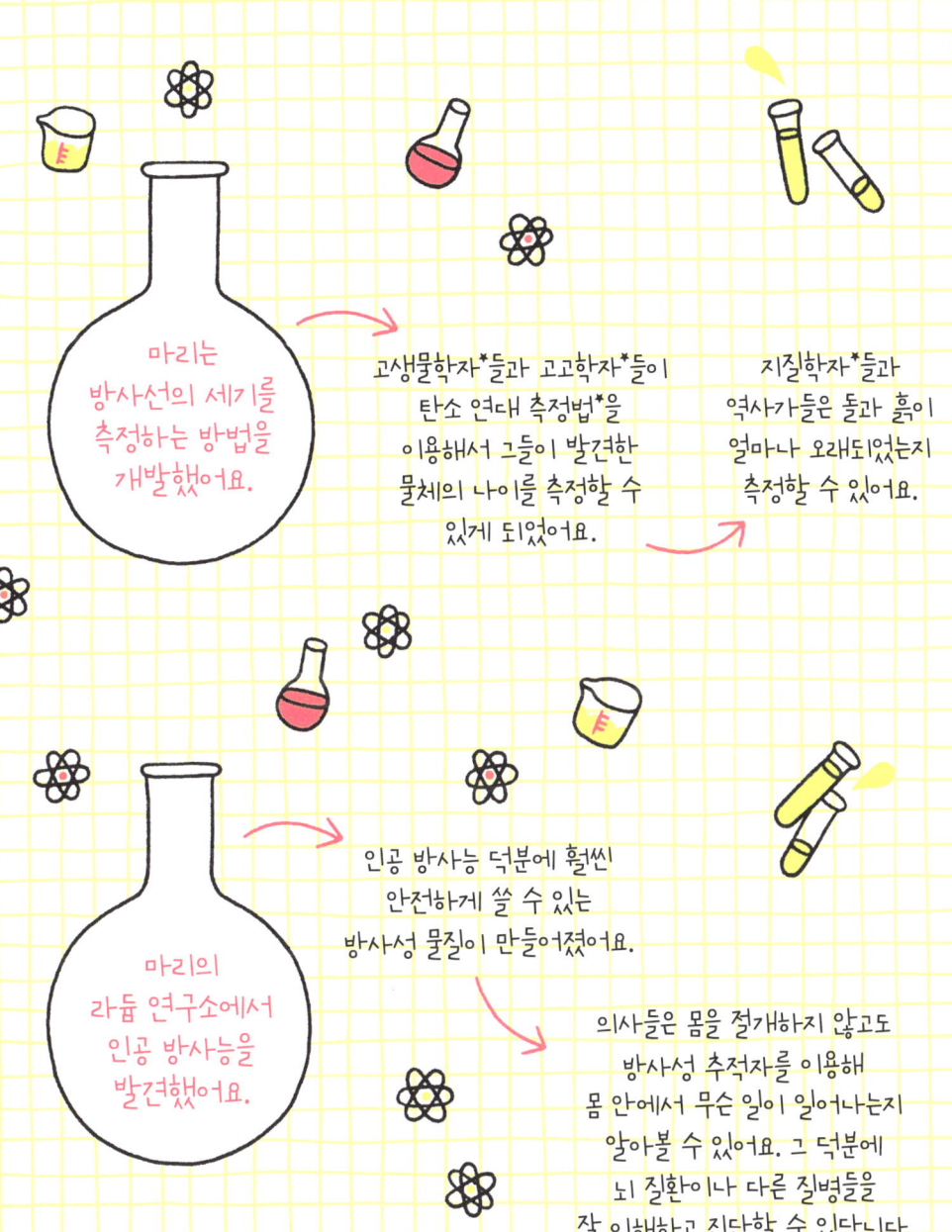

연대표

1867
11월 7일, 폴란드 바르샤바에서 마리아 스크워도프스카가 태어났어요.

1880년대
언니 브로니아와 함께 바르샤바의 '이동 대학'에 등록했어요.

1886
스추키 집안의 가정 교사가 되었어요.

1897
딸 이렌이 태어났어요.

1898
피에르와 함께 라듐과 폴로늄이라는 두 원소를 발견했다고 발표했어요.

1903
유럽 최초로 여성 물리학 박사가 되었어요.

같은 해에 피에르와 공동으로 노벨 물리학상을 받았어요.

1910
<방사능에 관한 논문>을 발표했어요.

1911
화학 분야로 두 번째 노벨상을 받았어요. 두 번의 노벨상을 받은 유일한 여성으로 기록에 남았지요.

1914
소르본 대학의 라듐 연구소로 거처를 옮기려고 했어요.

1930년대
사람들이 방사능의 해로운 영향을 발견하기 시작했어요.

1932
폴란드 바르샤바에 라듐 연구소가 문을 열었어요.

1934
7월 4일, 방사능으로 인한 질병으로 66세에 세상을 떠났어요.

1891
프랑스로 간 뒤, 파리 소르본 대학에서 물리학과 수학을 공부했어요. 이름을 '마리'로 바꿨답니다.

1895
피에르 퀴리와 결혼했어요.

1896
앙리 베크렐이 우라늄에서 나오는 눈에 보이지 않는 광선을 발견했어요. 이 발견이 마리의 연구에 영감을 주었지요.

1904
피에르의 실험실에서 수석 조수로 일하며 과학 연구를 하면서 처음으로 보수를 받았어요!

둘째 딸 이브가 태어났어요.

1906
피에르가 교통사고로 사망했어요.

1908
소르본 대학 역사상 최초의 여성 교수가 되어 물리학을 가르쳤어요.

1914
그러나 제1차 세계 대전으로 연구가 중단됐어요. 부상병들을 도우려는 열망으로 이동식 엑스선 장비 트럭인 '꼬마 퀴리'를 만들었어요.

1918
전쟁이 끝난 뒤, 라듐 연구소에서 방사성 물질 연구를 계속했어요.

1921
연구 기금을 모으러 미국을 방문했어요.

오늘날
방사선 요법이 암 치료에 중요한 역할을 하고 있어요.

마리의 노트들은 아직도 방사능을 내기 때문에, 납으로 특별 제작된 상자 안에 보관되어 있답니다!

마리 퀴리

용어 해설

고고학자 중요한 역사적 장소를 발굴해서 인간의 역사를 연구하는 사람. 고고학자가 발견한 물건에는 그곳에서 살던 사람들에 대한 실마리가 담겨 있는데, 때로는 수천 년 전의 흔적이 발견되기도 해요.

고생물학자 수천 년 또는 수백만 년 동안 바위나 흙 속에 보존되어 있던 뼈와 화석을 통해 고생물을 연구하는 학자.

노벨상 물리학, 화학, 생리학 및 의학, 문학, 평화, 경제학 등의 분야에서 뛰어난 업적을 남긴 사람이나 단체에게 해마다 주는 상. 1895년 스웨덴의 발명가 알프레드 노벨의 유언에 따라 만들어졌어요.

라듐 기호는 Ra, 원자 번호는 88인 방사성 원소. 방사성이 매우 강하며, 피치블렌드와 같은 우라늄 광석에서 발견할 수 있어요.

라디오파 주로 라디오와 텔레비전의 신호를 전달하기 위해 쓰이는 전자기파.

물리학 물질, 에너지, 자연 현상을 지배하는 힘들에 대해 연구하는 학문.

박사 학위 대학에서 받는 가장 높은 학위.

방사능 우라늄과 같은 원소의 원자핵이 붕괴하면서 방사선을 방출하는 일이나 그런 성질을 뜻하는 말. 마리와 피에르의 성을 딴 '퀴리'라는 단위로 측정돼요.

방사선 방사성 원소가 붕괴하면서 물체에서 방출되는 광선, 파 또는 입자들을 말해요.

방사선 치료 방사선을 쬐어서 암세포가 늘어나는 것을 막고, 암세포를 없애는 치료법.

방사성 물질이 방사능을 가진 성질.

살균 물체나 물질에서 세균과 같은 미생물을 없애는 것.

양성자 중성자와 함께 원자핵을 구성하는, 원자보다 더 작은 입자. 양성자는 양의 전하를 지니고 있으며, 그 양은 전자가 지닌 음의 전하와 같아요. 주기율표의 자리를 정하는 원자 번호는 원자핵에 들어 있는 양성자의 수와 같지요.

엑스선 1895년 발견된 전자기파. 이를 발견한 독일의 물리학자 뢴트겐은 1901년 최초의 노벨 물리학상을 수상했어요. 피부나 근육 등 특정 고체는 투과할 수 있지만, 밀도가 높은 물체는 투과할 수 없어요. 질병 진단이나 미술품 감정 등 다양한 용도로 쓰여요.

용해 고체를 액체에 넣어서 녹이는 일. 예를 들어 차에 설탕을 넣어 녹이는 것을 말해요.

우라늄 원자 기호 U, 원자 번호 92인 방사성 원소. 방사능을 매우 많이 함유한 은백색 금속이에요.

원소 화학적으로 변화하거나 더 이상 작게 나누어질 수 없는 물질. 알루미늄, 금, 헬륨과 같이 자연적으로 발생하는 원소는 92개, 실험실에서 만들어진 것은 26개로, 현재까지 총 118개의 원소가 알려져 있어요.

원자 화학 원소의 가장 작은 부분으로 전자*, 양성자*, 중성자*로 이루어져 있어요. 이들을 원자 구성 입자들이라고도 한답니다.

전자 원자 안의 작은 입자. 원자핵의 주위를 돌며, 음의 전하를 지니고 있어요. 보통 원자는 전기적으로 중성이기 때문에, 전자가 더 생기면 원자는 음의 전하를 띠고, 전자를 잃으면 양의 전하를 띠어요.

주기율표 원자 번호 순서대로 나열된, 이제까지 발견된 118개의 화학 원소 목록. 성질이 비슷한 것들은 위아래로 겹치도록 배열했는데, 예를 들어 금속은 금속끼리 모여 있어요.

중성자 수소 원자를 제외한 모든 원자의 핵 (중심)에서 발견되는 원자 구성 입자. 중성자는 전하를 띠지 않아요.

지질학자 돌과 흙을 조사해서 지구의 구조 및 시간의 흐름에 따른 지구의 변화를 파악하고 연구하는 사람.

침전 용액으로부터 녹지 않는 고체를 만들어 내는 일.

탄소 연대 측정법 물체 안에 들어 있는 방사성 탄소량을 측정해서 그 물체의 나이를 결정하는 방법. 방사성 탄소의 양이 반으로 줄어드는 데는 약 5,730년이 걸리기 때문에, 그 양을 비교하여 시간을 측정할 수 있어요.

폴로늄 방사성 원소로 기호는 Po, 원자 번호는 84. 우라늄 광석에서 추출할 수 있어요.

피치블렌드 우라늄과 라듐이 들어 있는 검은 광물.

핵물리학 물리학의 한 분야로, 원자의 양성자와 중성자에 대해 연구하는 학문.

화학 원자, 기체, 원소와 같은 물질과, 그것들의 상호 작용에 대해 연구하는 과학의 한 분야.

찾아보기

광물 19-20, 63
노벨상 32, 42-43, 55, 60, 62
라듐 5, 25, 28, 31, 33, 35, 47, 51-53, 58, 60, 62, 63
라듐 연구소, 파리 43, 48-49, 59, 60, 61
라듐 연구소, 폴란드 54, 60
물리학 6, 14, 16, 32, 56, 60, 61, 62, 63
방사능 24, 32, 49, 53-55, 58-59, 60, 61, 62, 63
방사능에 관한 논문 41, 60
방사선 29, 34-35, 51-52, 58-59, 61, 62
브로니스와바 스크워도프스카(마리의 어머니) 6-8
브로니아 스크워도프스카 6-7, 12-14, 54, 60
브와디스와프 스크워도프스키(마리의 아버지) 6-8
소르본 대학 14-15, 22, 36, 40, 43, 60, 61
수학 6, 14, 61
알루미늄 55, 63
알베르트 아인슈타인 51
앙리 베크렐 17, 32, 61
엑스선 16-17, 44-47, 61, 62
우라늄 16-17, 19, 20, 23-24, 26, 61, 62, 63
원소 18-25, 60, 62, 63
원자 21, 51, 58, 62, 63
이렌 졸리오퀴리 20, 21, 22, 32, 47, 48, 55, 60
이브 퀴리 36, 61
인공 방사능 55, 59
조셉 스크워도프스키 6, 10
조시아 스크워도프스카 6, 8
주기율표 18, 62, 63
폴로늄 23-24, 60, 63
프레데리크 졸리오퀴리 55
피에르 퀴리 15, 20, 22-26, 29, 32-36, 38-40, 52, 60, 61, 62
피치블렌드 19, 21-26, 28, 31, 62, 63
헬라 스크워도프스카 6
화학 16, 35, 42, 56, 60, 62, 63

출처

61쪽 마리 퀴리 사진 제공: 미국 의회 도서관